I0076579

PETIT GUIDE

DES

GARDES CHAMPÊTRES

COMMUNAUX

PAR

[illegible author name]

Commissaire de police

———

MM. les Maires des communes sont instamment priés de prêter le plus grand concours à cet ouvrage.

PRIX : 50 centimes.

GAND,

IMPRIMERIE TYPOGRAPHIQUE

DE G. BONNET.

1851.

PETIT GUIDE

DES

Gardes Champêtres Communaux,

Par SORBET,

Commissaire de Police en Chef à Cette.

MM. les Maires des communes rurales trouveront dans ce petit
Travail d'utiles renseignements.

BIBLIOTHÈQUE NATIONALE

CETTE.
IMPRIMERIE TYPOGRAPHIQUE DE GABRIÉL BONNET.
— 1851. —

Chaumont, le 21 septembre 1849.

Monsieur le Commissaire de Police,

Je vous remercie de l'hommage que vous m'avez fait, de l'exemplaire de votre ouvrage intitulé GUIDE DES GARDES CHAMPÊTRES COMMUNAUX, que vous avez bien voulu soumettre à mon appréciation.

Je me fais un devoir et un plaisir de vous féliciter de l'excellent but que j'ai remarqué dans cet ouvrage traité jusqu'à ce jour avec trop d'étendue pour qu'il pût être à la portée de cette classe de fonctionnaires.

Dans ce traité que vous communiquez à mon examen, vous avez compris l'importance des services que peuvent rendre les Gardes champêtres connaissant bien leurs devoirs, et conquis les éloges que doit mériter tout auteur qui sait allier à l'instruction du fonctionnaire le lien et les intérêts de l'État.

Aussi j'approuve votre ouvrage, en y joignant des vœux sincères pour que son importance soit comprise et encouragée par l'administration municipale du département.

Agréez, Monsieur, l'assurance de ma parfaite considération.

Le Préfet de la Haute-Marne,

SALARNIER.

MINISTÈRE DE L'INTÉRIEUR.

Première Division. ——————— Premier Bureau.

Paris, le 17 juillet 1850.

Monsieur,

J'ai reçu les deux écrits que vous avez bien voulu m'adresser, l'un relatif aux attributions des Tribunaux de police, et l'autre aux attributions des Gardes champêtres communaux.

J'ai l'honneur de vous remercier, Monsieur, de l'envoi de ces deux publications. Par leur objet elles intéressent les travaux de mon administration, et elles peuvent être consultées utilement. Je les ai fait placer dans ce but à la bibliothèque administrative du ministère.

Recevez, Monsieur, l'assurance de ma haute considération,

Pour le Ministre, et par autorisation

Le Secrétaire général,

DUMAS.

PETIT GUIDE

DES

GARDES CHAMPÊTRES

Communaux.

Les Gardes champêtres ont été institués pour la conservation des fruits de la terre, des récoltes de toute nature, et des propriétés rurales. (*Loi du 6 octobre 1791.*)

La police des campagnes étant spécialement sous leur surveillance, ils doivent employer, dans l'exercice de leurs fonctions, les formes de la politesse, s'abstenir de tourmenter les citoyens par d'injustes vexations, et apporter dans l'accomplissement de leurs devoirs, autant de prudence que de fermeté, pour obtenir la bienveillance de l'autorité et la considération publique.

Les Gardes champêtres, considérés comme officiers de police judiciaire, sont chargés de rechercher, chacun dans le territoire pour lequel il aura été assermenté, les délits et contraventions de police qui auront porté atteinte aux propriétés rurales et forestières. (C. crim., art. 16.)

En conséquence, leur devoir, après en avoir rendu compte au Maire, est de dresser des procès-verbaux contre :

Ceux qui auront cueilli ou mangé des fruits sur le terrain d'autrui ;

Ceux qui auront glané, ratelé ou grapillé dans les champs non entièrement dépouillés et vides de leurs récoltes, ou avant le lever ou après le coucher du soleil ;

Ceux qui, n'étant ni propriétaires, ni usufruitiers, ni locataires, ni fermiers, ni jouissant d'un terrain ou d'un droit de passage, ou qui n'étant agents ni préposés d'aucune de ces personnes, seront entrés et auront passé sur ce terrain, ou sur partie de ce terrain, s'il est préparé ou ensemencé ;

Ceux qui auront laissé passer leurs bestiaux ou leurs bêtes de trait, de charge ou de monture, sur le terrain d'autrui, avant l'enlèvement de la récolte ;

Ceux qui auront négligé d'écheniller dans les campagnes ou jardins, où ce soin est prescrit par la loi ou les règlements ;

Ceux qui, n'étant ni propriétaires, ou usufruitiers, ni jouissant d'un terrain ou d'un droit do passage, y sont entrés et y ont passé dans le temps où ce terrain était chargé de grains en tuyau, de raisins ou autres fruits murs ou voisins de la maturité;

Ceux qui auraient fait ou laissé passer des bestiaux, animaux de trait, de charge ou de monture, sur le terrain d'autrui, ensemencé ou chargé d'une récolte, en quelque saison que ce soit, ou dans un bois taillis;

Ceux qui dérobent des récoltes, fourrages, ou autres productions utiles de la terre;

Ceux qui mèneront sur le terrain d'autrui, des bestiaux de quelque nature qu'ils soient, et notamment dans les prairies artificielles, dans les vignes, oseraies, dans les places de câpriers, dans ceux d'oliviers, de mûriers, de grenadiers, d'orangers et d'arbres fruitiers ou d'autres faits de main d'homme;

Ceux qui auront dégradé ou détérioré, de quelque manière que ce soit, les chemins publics, usurpé sur leur largeur, ou qui les auraient embarrassés par des dépôts de terres, fumiers ou autres objets;

Ceux qui, sans y être dûment autorisés, auront enlevé des chemins publics les gazons, terres ou pierres, ou qui, dans les lieux appartenant aux communes, auraient enlevé les terres ou matériaux, à moins qu'il n'existe un usage général qui l'autorise:

Ceux qui laissent les bestiaux et volailles à l'abandon, et qui causent du dommage à autrui ;

Ceux qui auront exercé publiquement et abusivement de mauvais traitements envers les animaux domestiques ;

Ceux qui auront contrevenu aux bans de vendanges ou autres bans autorisés par les règlements ;

Ceux qui auront comblé des fossés, détruit des clôtures, de quelques matériaux qu'elles soient faites, coupé ou arraché des haies vives ou sèches, déplacé ou supprimé des bornes ou pieds-corniers, ou autres arbres plantés ou reconnus pour établir les limites entre différents héritages ;

Ceux qui auront volontairement détruit ou renversé, par quelque moyen que ce soit, en tout ou en partie, des édifices, des ponts, digues ou chaussées, ou autres constructions qu'ils savaient appartenir à autrui ;

Ceux qui auront des animaux ou des bestiaux soupçonnés d'être infectés de maladies contagieuses, et qui n'auront pas averti sur le champ le Maire de la commune où ils se trouvent, ou qui, au mépris des défenses de l'Administration, les auront laissé communiquer avec d'autres ;

Ceux qui n'auront pas enfoui, dans la journée, leurs bêtes mortes d'épizooties ou de maladies contagieuses, à 2 mètres 60 centimètres

de profondeur, ou ceux qui ne les auront pas
enfouies à un mètre 50 centimètres de profondeur, lorsqu'elles seront mortes par suite de
toute autre cause;

Ceux qui, pendant le temps des semailles et
celui de la récolte, n'auront pas renfermé les
pigeons;

Ceux qui auront laissé dans les rues, chemins,
places, lieux publics, ou dans les champs, des
coutres de charrues, pinces, barres, barreaux
ou autres instruments, dont puissent abuser les
malfaiteurs;

Ceux qui auront allumé du feu dans les
champs, à moins de 100 mètres des maisons,
bruyères, vergers, haies, meules de grains, de
paille ou de foin, et à moins de 200 mètres des
bois et forêts;

Ceux qui, par maladresse, jet de pierres, ou
par l'effet de divagation d'animaux malfaisants
ou féroces, ou par la rapidité ou la mauvaise di-
rection ou le chargement excessif des voitures,
chevaux, bêtes de trait, de charge ou de monture, auront blessé ou occasionné la mort des
animaux ou bestiaux appartenant à autrui;

Ceux qui auront dévasté des récoltes sur
pied ou des plans venus naturellement ou faits
de main d'homme;

Ceux qui auront abattu, mutilé, coupé ou

écorcé un ou plusieurs arbres, qu'ils savaient appartenir à autrui;

Ceux qui, sans y être autorisés, auront enlevé des bois et forêts, de la pierre, du sable, mineral, terre ou gazon, tourbe, bruyères, genêts, herbages, feuilles vertes ou mortes, engrais, glands, faînes, etc.;

Ceux qui seront trouvés dans les bois et forêts hors des routes et chemins ordinaires, avec serpes, cognées, haches, scies et autres instruments de même nature;

Ceux qui seront trouvés dans les bois et forêts avec voitures, bestiaux, animaux de charge ou de monture, hors des routes et chemins ordinaires;

Ceux qui, dans les bois et forêts, auront coupé ou enlevé des arbres, ou coupé les principales branches;

Ceux qui auront établi des fours à chaud ou à plâtre, des briqueries ou tuileries, à moins d'un kilomètre des forêts, sans l'autorisation du gouvernement;

Ceux qui auront établi, sans l'autorisation du gouvernement, des maisons sur perches, des loges, barraques ou hangars, dans l'enceinte et à moins d'un kilomètre des bois et forêts;

Ceux qui auront établi des usines à scier le bois dans l'enceinte et à moins de deux kilomètres de distance des bois et forêts, sans l'autorisation du gouvernement.

Leur surveillance doit se porter encore, avec un zèle constant et soutenu, sur les dispositions des lois et règlements, concernant la sûreté et la tranquillité publique, la police de la chasse, la police du roulage, la police de la pêche, la police des cours d'eau navigables et non navigables, la police des chemins de halage, la police des carrières, tourbières, glaisières, sablonières, marnières, etc.

Mais il seraient grandement dans l'erreur, s'ils pensaient que la loi leur a confié le droit de constater, par procès-verbaux, des faits d'anticipation d'un héritage sur l'autre, ou le dépôt de pierres sur le terrain d'autrui, et de s'associer ainsi aux querelles particulières qui ne peuvent jamais donner lieu qu'à des actions purement civiles.

Les Gardes champêtres ont le droit de faire des visites domiciliaires, partout où ils croiront trouver les preuves d'un délit, s'ils sont assistés, soit du Juge-de-Paix ou de son Suppléant, soit du Commissaire de Police, soit du Maire du lieu, soit de son Adjoint (*C. d'Inst. crim. art.* 16.) Toutefois, s'ils rencontraient une très vive opposition, ils devraient s'abstenir. (*Art.* 184 *du C. pénal.*)

Il est défendu aux Gardes champêtres, sous

peine d'être destitués et poursuivis comme pré-
varicateurs, de composer avec les délinquants,
lors même qu'ils obtiendraient l'assentiment des
Maires et des propriétaires, de recevoir aucune
somme d'eux, ou d'intervenir dans toute espèce
de transaction, qui pourrait être faite entre ces
délinquants et les propriétaires.

PROCÈS-VERBAUX

DES

Gardes Champêtres.

Les Procès-Verbaux des Gardes champêtres font foi en justice, jusqu'à preuve contraire, pourvu toutefois qu'ils soient faits par eux, s'ils sont en état de les rédiger, ou dans le cas contraire, par le Juge-de-Paix, le Maire, ou le Commissaire de Police, et affirmés dans les vingt-quatre heures. (*Voyez page* 26 : QUESTIONS.)

La loi ne trace point de formule pour la rédaction des procès-verbaux ; cependant, comme ce qui est le plus clair est le meilleur ; et qu'il arrive très-souvent que les Gardes champêtres savent à peine mettre leurs noms, nous rapportons ci-après, quelques *modèles* qu'ils les aideront à constater, conformément à la loi, les délits et contraventions.

PROCÈS-VERBAL
pour dépôt de Matériaux sur un chemin vicinal ou rural.

L'AN mil huit cent

Nous, G.⁣ , Garde champêtre de la commune de , dûment assermenté, revêtu de notre plaque, passant sur le chemin de , avons remarqué qu'il avait été formé sur ledit chemin, en face un dépôt considérable de matériaux provenant de démolition. Après information par nous prise, nous avons su que ledit dépôt était du fait du sieur B. maçon, demeurant à

Nous nous sommes aussitôt transporté au domicile dudit sieur B. , et l'y ayant trouvé, nous lui avons demandé en vertu de quelle autorisation, il avait formé le susdit dépôt et embarrassé la voie publique? Il nous a répondu qu'il n'avait eu aucune autorisation.

Nous, Garde champêtre, susdit et soussigné, lui avons déclaré le présent procès-verbal, et avons signé. (*Signature du Garde rédacteur.*)

PROCÈS-VERBAL
Pour dégradation ou Anticipation d'un chemin vicinal ou rural.

L'an mil huit cent

Nous J. B. , Garde champêtre de la commune de , dûment assermenté, revêtu de notre marque distinctive,

avons aperçu le nommé J. B.   , cultivateur, demeurant à   , qui labourait une pièce de terre aboutissant au chemin
de

Nous avons remarqué que, soit pour se donner plus de facilité à faire tourner sa charrue,
soit dans le dessein d'usurper une portion dudit
chemin, ledit J. B. la poussait jusqu'à environ
un quart ou un tiers de la largeur du chemin, et
labourait cette partie de la voie publique.

Attendu que ce fait constitue, sinon une usur-
pation, au moins une dégradation de la voie publique, nous avons déclaré audit J. B,   ,
que nous allions rédiger contre lui le présent
procès-verbal.

PROCÈS-VERBAL

Pour avoir laissé passer des bestiaux et autres animaux sur des champs ense- mencés.

L'AN mil huit cent
Je soussigné, L. R,   , Garde champêtre de la commune de   résidant
à   assermenté en justice, certifie qu'é-
tant décoré du signe caractéristique de mes fonctions, et faisant ma tournée habituelle, j'ai
trouvé le nommé L. A.   , propriétaire,

demeurant à   , qui faisait passer ou laissait passer sur un champ ensemencé de   appartenant à   un troupeau de

Je lui ai, en conséquence, déclaré que j'allais rédiger contre lui le présent procès-verbal, que j'ai signé.

PROCÈS-VERBAL
Constatant un délit Forestier fait avec cognée.

L'AN mil huit cent

Je soussigné, J. R,   Garde champêtre de la commune de   , résidant à   assermenté en justice, certifie qu'étant revêtu de ma plaque, et faisant ma tournée ordinaire dans le bois de M.   , étant parvenu au triage de   , j'y ai trouvé le nommé F. D.   , journalier, demeurant à   lequel était occupé à couper, à l'aide d'une cognée, deux corps d'arbres sur pied, et verts, l'un essence chêne, portant 40 centimètres de tour, et l'autre essence aune, portant 20 centimètres de tour.

J'ai saisi le bois coupé en délit par ledit F. D. ainsi que la cognée dont il s'était servi, et je lui ai déclaré le présent Procès-Verbal.

PROCÈS-VERBAL

Pour délit de coupe ou ébranchage d'arbres

L'an mil huit cent

Nous D   , garde champêtre de la commune de   , assermenté conformément à la loi et revêtu de notre plaque, certifions que faisant notre tournée ordinaire dans la forêt de   , située sur le territoire de   , avons surpris à   heures du matin (*ou du soir*) le sieur R   , propriétaire, demeurant à   occupé à abattre (*ou ébrancher, étouper, ou déshonorer*) avec une hache (*ou serpe*) un arbre, agé de 7 ans environ, essence chêne. Ayant de suite mesuré cet arbre à un mètre au-dessus du sol nous avons constaté qu'il était (*indiquer le nombre de décimètres de tour*). Nous avons reproché audit D   , sa contravention en l'invitant à nous remettre sa hache (*ou serpe*) ce qu'il a fait (*ou refusé de faire*) et nous lui avons déclaré le présent procès-verbal.

PROCÈS-VERBAL

Constatant un délit de maraudage.

L'an mil huit cent.

Nous G   , Garde champêtre de la communo de   soussigné;

Attendu qu'il résulte d'une plainte du sieur
B   , propriétaire, demeurant
à   et du témoignage des sieurs (*citer les
noms et demeure des témoins*), que les sieurs
B   , agé de 13 ans, demeurant à
et R   , âgé de 14 ans, demeurant à°
se seraient introduits hier soir à   heures,
dans la vigne dudit B   , qu'ils y auraient
cueilli des figues, poires ou raisins, sans son autorisation, nous avons redigé contr'eux et contre
leurs parents responsables, le présent procès-
verbal.

PROCÈS-VERBAL

De signification d'un arrêté ordonnant la démolition d'un mur.

L'AN mil huit cent

Nous (*noms, prénoms et demeure du rédacteur*) nous sommes rendu au domicile du sieur
          et parlant à sa personne, lui avons no-
tifié un arrêté de M. le Maire de cette commune,
en date du   qui lui prescrit de faire étayer et
démolir, dans le délai de 8 jours le mur de face
de la maison qu'il possède rue   N°

Lui déclarant que faute par lui de se conformer à cet arrêté, il y sera contraint par les voies de droit.

Fait à   le

RAPPORT

Reçu par Procès-Verbal rédigé par le Maire.

L'AN mil huit cent

Par-devant nous, Maire de la commune de , est comparu le sieur G. L, Garde-champêtre, assermenté en justice, résidant à   lequel nous a fait rapport qu'aujourd'hui, à midi, étant décoré du signe de ses fonctions, et faisant sa tournée ordinaire pour la conservation des propriétés confiées à sa garde, en passant dans le chemin de   , il a trouvé, dans une pièce de terre semée en blé, dont le grain est près de maturité, et qui appartient au sieur D.   cultivateur, demeurant à   , un cheval (*ou une vache*), qu'il a reconnu pour appartenir au sieur D.   , propriétaire, demeurant en cette ville (*ou commune*), qui passait dans ladite pièce de terre, étant abandonné.

Le garde G.   nous ayant fait connaître qu'il avait déclaré Procès-Verbal de cette contravention au sieur D.   , nous lui avons donné acte de son rapport, et avons signé avec lui.

PROCÈS-VERBAL

Contre un Cabaretier qui a gardé du monde après l'heure fixée.

L'AN mil huit cent

Nous Maire (*ou garde champêtre*) de la commune de   , avons dressé Procès-Verbal contre le sieur   cabaretier, demeurant en cette commune, qui a contrevenu à l'article   de l'arrêté du   , en gardant, hier soir, plusieurs personnes dans son établissement, jusqu'à   heures, ainsi que nous l'avons constaté.

PROCÈS-VERBAL

Pour délit de Chasse.

L'AN mil huit cent

Nous, C.   Garde champêtre, de la ville de   , assermenté en justice et revêtu de notre plaque, passant sur le chemin de   avons aperçu à environ   mètres de nous, un individu qui chassait sur une vigne appartenant à M.   , avec un fusil à deux coups et à piston, ayant avec lui un chien courant. Nous étant approché de lui, nous l'avons requis de nous exhiber : 1° son permis de port d'armes ; 2° l'autorisation du propriétaire du terrain sur lequel il chassait. Ce à quoi n'ayant pu satisfaire, nous l'avons interpellé de nous dire ses nom et prénoms, âge, demeure et profession. A quoi il nous a répondu se nommer D. L. , être âgé de ans , demeurer à et exercer la profession de . Nous lui avons déclaré ensuite le présent Procès-Verbal.

———•———

PROCÈS-VERBAL
Pour délit de Chasse.

L'an mil huit cent.

Nous D , Garde champêtre de la commune de , assermenté conformément à la loi et revêtu de notre plaque, certifions que, faisant notre tournée ce matin , vers 8 heures, au quartier de , avons aperçu , dans une pièce de terre appartenant au sieur propriétaire, demeurant à , le sieur G propriétaire, demeurant à , porteur d'un fusil double à piston et d'une gibecière, et le sieur R , cultivateur, demeurant à , porteur d'un fusil simple à piston, ayant devant lui un chien couchant.

Ayant remarqué ces deux individus en activité de chasse, nous leur avons demandé, au nom de la loi, s'ils étaient porteurs chacun d'un permis? Ils ont répondu négativement , en nous

2

donnant pour excuse qu'ils n'étaient pas chasseurs d'habitude.

Mais attendu que, par ce qui précède, ils ont l'un et l'autre contrevenu à la loi du 3 mai 1844, nous leur avons déclaré le présent Procès-verbal.

PROCÈS-VERBAL
Pour notifier un Arrêté.

L'AN mil huit cent
Je soussigné, Garde champêtre de la ville de
en conformité des ordres de M. le
Maire de . . . , me suis transporté au domicile du sieur , où étant et parlant à , lui ai notifié un arrêté. (*Dire par qui l'arrêté a été rendu et pour quel objet.*)

De laquelle notification j'ai rédigé le présent Procès-verbal, que j'ai signé avec.... (*Citer le nom de la personne qui a reçu l'arrêté.*)

PROCÈS-VERBAL
Constatant l'arrestation d'un mendiant ou vagabond arrêté par un Garde-champêtre.

L'an mil huit cent cinquante et le
Devant nous, Maire de la commune de (*soussigné*) a été conduit par les soins du Garde champêtre B , un individu étranger, que nous avons interrogé de la manière suivante, après que ledit Garde nous a eu déclaré qu'il l'a-

vait arrêté pour mendicité avec menaces (*ou pour défaut de papiers*) :

D. — Quels sont vos nom, prenoms, âge, profession, lieu de naissance et demeure?

R. — Je me nomme   , suis âgé de   ans , ouvrier maçon, natif de   et suis sans domicile fixe.

D. — Quels sont vos moyens d'existence?

R. — Je n'en ai point.

D. — Est-il vrai que vous vous soyez livré à la mendicité avec menaces (*ou que vous soyez sans papiers*)?

R. — Je reconnais que je suis passé dans quelques maisons pour demander l'aumône, mais je nie avoir fait des menaces ; je n'ai point de papiers.

Et attendu que ledit   , se trouve prévenu de mendicité avec menaces et sans papiers de sûreté, nous le retenons en état d'arrestation et nous disons qu'il sera conduit par devant M. le Procureur de la République de l'arrondissement.

Lecture faite de ce qui précède au prévenu et au Garde champêtre B, ils ont signé avec nous.

RÉQUISITOIRE
Pour obtenir le secours de la force armée.

Nous, Maire de la commune de   (*soussigné*) requérons, en vertu de l'art. 25 du code d'ins-

truction criminelle, le commandant de gendar-
merie à la résidence de   , de nous adresser
deux gendarmes, à l'effet de faire conduire à la
maison de sûreté de   , un nommé   ,
que nous tenons en état d'arrestation pour mendicité avec menaces (*ou toute autre cause.*)

Fait à   , le   1851.

ACTE D'AFFIRMATION.

Les Procès-Verbaux des Gardes Champêtres
doivent être affirmés par eux, dans les vingt-
quatre heures, et non par les Maires, comme
cela arrive souvent, à peine de nullité de ces
Procès-Verbaux.

FORMULE.

L'an mil huit cent
Par-devant-nous, Maire de la commune de
est comparu le sieur   Garde
champêtre de cette commune, lequel après lecture par nous faite du Procès-Verbal qui précède, l'a avec serment affirmé sincère et véri-
table, et a signé avec nous.

Lorsque les Procès-Verbaux seront affirmés et
enregistrés en débet, ils devront être remis,
dans le délai de trois jours, s'il s'agit de simples
contraventions de police, au Commissaire de
police de la commune, chef-lieu de la Justice-
de-Paix, ou au Maire lorsqu'il n'y aura pas de

Commissaire de Police ; s'il s'agit de contraventions de grande voierie ou de contraventions sur
rivières navigables ou flottables, la remise devra
être faite au préfet ; et s'il sagit d'un délit de nature à mériter une peine correctionnelle, la remise en sera faite au Procureur de la République de l'arrondissement.

A l'égard des délits commis dans les bois et
forêts, la remise devra être faite au Conserva-
teur ou Inspecteur forestier, ou au Procureur
de la République.

MM les Gardes-Champêtres étant souvent ap-
pelés à observer et à constater différentes
maladies épizootiques, nous croyons utile de
leur faire connaître les divers symptômes sous
lesquels ces maladies se présentent.

MALADIES ÉPIZOOTIQUES.

Les maladies épizootiques sont les plus redou-
tables. Obscures et cachées dans leurs causes,
rapides dans leur marche, elles attaquent in-
distinctement et en même temps tous les animaux d'une même espèce, Le meilleur moyen
pour en arrêter les progrès serait, d'après différents auteurs, de sacrifier toutes les bêtes malades et celles suspectées de maladie.

LA CLAVELÉE, LA MORVE, LE CHARBON, LA POURRITURE, LA RAGE, LA GALE ET LE FARCIN,
SONT DES MALADIES ÉPIZOOTIQUES.

La Clavelée est une fièvre inflammatoire suivie d'une éruption de pustules plus ou moins rapprochées, placées à la tête, aux épaules, aux cuisses, au ventre.

C'est de toutes les maladies du mouton la plus contagieuse.

La Morve, d'après l'opinion de beaucoup d'auteurs, est une maladie contagieuse.

Tout cheval qui a les apparences de la santé, qui jette et qui est glandé, surtout d'un côté, doit être considéré comme morveux ou suspecté de morve.

Le Charbon est une des maladies les plus mortelles. Chez *le Cheval*, elle commence par une tumeur qui acquiert en quelques heures un diamètre de 27 centimètres.

Chez les *bêtes à laine*, elle se montre tantôt sur le ventre, tantôt sur la face interne des cuisses et des épaules, sur le cou et les mamelles, sous forme de petites tumeurs dures, ayant un point noir au milieu.

Dans l'espèce du *Bœuf*, elle se présente au poitrail, à la pointe des épaules, au fanon, sur les côtes et sous le ventre. Elle débute par une petite tumeur qui s'accroît rapidement.

Chez le *Cochon*, elle se présente sur les côtes du cou, près de la tête.

Il est très dangereux de saigner, de fouiller, de dépouiller les animaux malades ou morts du charbon. Nombre de personnes sont mortes pour s'être livrées à ces opérations.

La Pourriture se développe ordinairement chez les bêtes à laine. L'animal frappé de cette maladie, mange beaucoup moins et ne rumine pas aussi bien. Ses yeux et sa bouche sont pâles et décolorés; si l'on place la main sur la croupe, en appuyant un peu, il s'affaisse.

La Rage, est une maladie particulière aux chiens, renards, loups, blaireaux et chats. Les hommes, les chevaux, les bêtes bovines et ovines et les porcs, ont également la rage, mais par transmission.

Les symptômes caractéristiques sont : l'abattement, la tristesse, l'inflammation de la tête, l'inflammation des yeux qui sont rouges et hagards, l'envie de mordre et l'aversion pour l'eau.

La Gale est une maladie de la peau très-contagieuse. Tous les animaux domestiques peuvent en être atteints.

Chez le *mouton*, elle apparaît ordinairement sur le dos, la croupe et les flancs; la peau est plus dure et plus sèche dans les parties galeuses que dans les autres; on sent des grains qui résistent sous le doigt.

Chez le *Cheval*, elle se montre le plus souvent à l'encolure. On aperçoit des vésicules légèrement élevées au-dessus du niveau de la peau.

Le Farcin attaque les chevaux, les mulets et les ânes. Cette maladie consiste dans le développement de cordons, de tumeurs ou de boutons qui se montrent le plus souvent sur le trajet des vaisseaux lymphatiques. Les signes caractéristiques sont ou des pustules abcédées, ou des boutons tantôt rares, tantôt abondants, tantôt dispersés, tantôt réunis par masse. Ces boutons viennent en suppuration et forment des ulcères profonds. (ARBAUD, de Draguignan.)

MESURES DE POLICE

Pour arrêter les communications des maladies épizootiques.

(Extrait du Code rural.)

« Tout propriétaire ou détenteur de bêtes à cornes, à quelques titres que ce soit, qui aura une ou plusieurs bêtes malades ou suspectes, sera obligé, sous peine de cent francs d'amende, d'en avertir sur-le-champ le maire de sa commune, qui les fera visiter par l'expert le plus prochain ou par celui qui aura été désigné par le département ou le canton. Arrêt du parlement du 21 mars 1745 ; arrêt du Conseil du 19 juillet 1786 ; autre du 16 juillet 1784.

Lorsque, d'après le rapport de l'expert, il sera constaté qu'une ou plusieurs bêtes seront malades le maire veillera à ce que ces animaux soient séparés des autres et ne communiquent avec aucun animal de la commune. Les propriétaires, sous quelque prétexte que ce soit, ne pourront les faire conduire dans les pâturages ni aux abreuvoirs communs, et ils seront tenus de les nourrir dans les lieux renfermés, sous peine de cent francs d'amende. — Arrêt du Conseil du 10 juillet 1740.

Le Maire en informera dans le jour le Sous-Préfet de l'arrondissement auquel il indiquera le nom du propriétaire et le nombre des bêtes malades, le Sous-Préfet fera part du tout au Préfet du département. — Arrêt du Conseil du 19 juillet.

Aussitôt qu'il sera prouvé au maire que l'épizootie existe dans la commune, il en instruira tous les propriétaires de bestiaux de ladite commune par une affiche posée aux lieux où se placent les actes de l'autorité publique, laquelle affiche enjoindra auxdits propriétaires de déclarer au maire le nombre de bêtes à cornes qu'ils possède, avec désignation d'âge et de poil, etc. Copie de ces déclarations sera envoyée au sous-préfet, et par celui-ci au préfet. — Arrêt du Conseil du 19 juillet 1846, etc.

Maintenant, bien que notre objet ne soit pas de tracer d'une manière absolue les droits et les devoirs des Gardes champêtres, que la pratique et la raison leur apprendront mieux que tout ce que nous pourrions écrire, nous recommanderons néanmoins à ces fonctionnaires d'étudier sérieusement les *Questions* ci-après, afin que leurs Procès-Verbaux ne soient pas annulés par les Tribunaux, après que des frais ont été mis à la charge du Trésor et du Ministère de la Justice.

QUESTIONS.

D. — *Les procès-verbaux des Gardes champêtres doivent-ils, à peine de nullité, indiquer l'heure où le délit a été commis?*

R. — La Cour de cassation a établi la négative. (*Arrêt du 9 janvier 1835. Dall. année 1835.*)

D. — *Les Gardes champêtres peuvent-ils valablement verbaliser contre leurs parents ?*

R. — La Cour de cassation a adopté l'affirmative. (*arrêt du 7 novembre 1817 , Sirey , tome 18.*)

D. — *Les aveux des contrevenants, constatés dans les procès-verbaux des Gardes champêtres, forment-ils preuve de la contravention comme les autres faits qui s'y trouvent rapportés ?*

R. — La Cour de cassation a établi l'affirmative. (*Arrêt du 10 avril 1835 ; Sirey , tome 35.*)

D. — *Le procès-verbal dressé par un Garde qui aurait pénétré dans une habitation, pour y rechercher les preuves d'un délit, sans être assisté, comme l'exige la loi, serait-il nul si le délinquant ne lui faisait point d'opposition ?*

R. — La Cour de cassation a consacré la négative. (*Arrêts des 10 avril 1823, Sirey tome 23, et 12 juin 1829 , Sirey, tome 30.*)

D. — *Le procès-verbal d'un Garde champêtre reçu par un secrétaire de Mairie, et signé par le Maire, est-il régulier ?*

R. — La Cour de cassation a consacré l'affirmative, par le motif qu'un secrétaire de Mairie, est un agent du Gouvernement, donné au Maire et à ses Adjoints. (*Arrêt du 10 mars 1830 ; Dall. année 1830.*)

D. — *Le procès-verbal écrit de la main du*

Maire, *qui a signé seulement à la suite de l'affir-mation, écrite également de sa main, est-il valable ?*

R. — La cour de cassation a consacré l'affir-mative. (*Arrêt du 5 février 1825, Sirey tome 25*).

D. — *Pour faire foi jusqu'à preuve contraire, les procès-verbaux doivent-ils nécessairement être rédigés par les Gardes champêtres ou par des fonctionnaires ayant qualité pour les rédiger ?*

R.—La Cour suprême a établi l'affirmative, (*Arrêts des 18 octobre 1828, et 7 août 1820.*)

D. — *Le défaut d'affirmation, dans les vingt-quatre heures, entraine-t-il la nullité des procès-verbaux des Gardes champêtres et forestiers ?*

R. — La Cour suprême a établi l'affirmative, (*Arrêts des 10 décembre 1824, Sirey, tome 25, et 5 janvier 1809 ; Sirey , tome 9.*)

D.—*Le délai de 24 heures prescrit pour l'affir-mation des procès-verbaux des Gardes, compte-t-il du jour du délit ou du jour de la signature de ces procès-verbaux ?*

R. — Du jour de la signature (*Arrêt du 2 mes-sidor an XIII.*)

D. — *L'affirmation doit-elle, à peine de nullité, être signée par les Gardes qui ont rédigé les pro-cès-verbaux ?*

R. La Cour suprême a consacré l'affirmative, à l'égard des Gardes forestiers. (*Arrêt du 1er *avril 1830, Sirey, tome 30.*) Nous pensons qu'il faudrait juger de même, s'il sagissait d'un procès-verbal d'un Garde champêtre qui saurait signer.

D. — *L'affirmation doit-elle être faite ous forme de serment, à peine de nullité?*

R. — La Cour de cassation a consacré l'affirmative. (*Arrêt du 10 avril 1828.*)

D. — *Un membre du Conseil Municipal, a-t-il qualité pour recevoir l'affirmation d'un procès-verbal?*

R. — La Cour de cassation a confirmé la négative. (*Arrêt du 18 novembre 1808.*)

D. — *Dans le cas où un Garde Champêtre ne sait pas écrire, le Juge-de-Paix peut-il refuser de rédiger les procès-verbaux des contraventions constatées par ce Garde?*

R. — La loi du 25 décembre 1790 et un arrêt de la C. de Cass. du 26 juillet 1821 établissent la négative.

D. — *Les commissaires de police ont-ils qualité pour recevoir les procès-verbaux des Gardes champêtres, sur leur déclaration?*

R. — Oui, mais ils ne peuvent en recevoir l'affirmation. (*Arr. de Cass. du 26 juill. 1821.*)

D. — *Le défaut d'enregistrement d'un procès-verbal de Garde champêtre, constatant une contravention de police, peut-il autoriser les juges à prononcer le renvoi de l'auteur de la contravention?*

R. — La Cour de cassation a adopté la négative. (*Arrêts des 5 mars 1810, Dall., année 1810, et 23 février 1827, Sirey, tome 27.*)

D. — *Les Gardes champêtres peuvent-ils faire exécuter les Règlements généraux et particuliers de police?*

R. — La Cour de cassation a adopté l'affirmative, (*Arrêts des 2 mai 1830, et 5 novembre 1825.*)

D. — *Les auteurs de contraventions à des Arrêtés qui ordonnent, à certaines époques de l'année, la fermeture des colombiers, doivent-ils être relaxés par les tribunaux de police, par le motif que la loi du 4 août 1789 ne prononce aucune peine contr'eux?*

R. — La Cour de cassation a consacré la négative, attendu que l'article 471, n. 15, du Code Pénal, qui pose une règle générale, est applicable aux arrêtés sur cet objet. (*Arrêts des 5 février 1845, et 7 novembre 1844.*)

D. — *Peut-on, pour une contravention, être renvoyé de la plainte, par cela seul qu'on excipe d'une autorisation qui est contraire à la loi?*

R. — La Cour de cassation a consacré la négative. (*Arrêt du 1er juillet 1830, Sirey, tome 30.*)

D. — *En cas d'irrégularité du procès-verbal*

d'un *Garde Champêtre*, *le Garde Champêtre et le Maire qui a reçu l'affirmation du procès-verbal, peuvent-ils être entendus pour prouver le délit ou la contravention ?*

R. — La Cour de cassation a consacré l'affirmative (*Arrêt du 17 avril 1823 ; Sirey, tome 23*)

D. — *Suffirait-il de la déposition d'un seul témoin pour établir aujourd'hui un délit ou une contravention?*

R. — La Cour de cassation a consacré l'affirmative. (*Arrêts des 7 février 1835; Sirey, tome 35, et 13 novembre 1834, Dall, année 1835.*)

D. — *Les complices d'une contravention doivent-ils etre poursuivis et punis comme l'auteur meme ?*

R. — La Cour de cassation a décidé qu'il no pouvait exister de complices que pour les crimes et délits, et jamais pour faits de contravention (*Arrêt du 21 avril 1826; Dall., année 1826.*)

Nota. — La même Cour a cependant établi une sorte d'exception, pour les complices de bruits ou tapages injurieux ou nocturnes, par différents arrêts.

D. — *L'article 106 du C. D. C. qui veut que tout dépositaire de la force publique et même toute personne soit tenue de saisir le prévenu surpris en flagrant délit, ou poursuivi par la clameur publique permet-il l'arrestation d'un auteur de délit de chasse, de délit forestier ?*

R. — La Cour de Cassation a consacré la négative, sur ces deux questions. Elle a même
décidé qu'aucune peine ne pourrait être appli-
quée contre celui qui commettrait des actes de
violence ou de rebellion envers un agent de
la force publique, qui tenterait de l'arrêter, pour
de semblables faits. (Arrêt du 22 novembre
1839), Dall., année 1840 , page 126.)

D.--Peut-on arrêter l'auteur d'une contravention?

R. — Nulle contravention ne peut donner lieu
à arrestation, même quand la loi prononcerait
l'emprisonnement de simple police, ni en ma-
tière de délits de police correctionnelle, qui
n'entraîneraient qu'une peine pécuniaire. (Instruction du Procureur du Roi de Paris du 1er
janvier 1817.)

D. — Le propriétaire d'un fond enclavé, peut-
il être traduit en simple police à raison de son
passage sur les terres voisines, pour la culture et
l'enlèvement de ses récoltes?

R.— Non , il ne peut être poursuivi que par
une action civile. (*Arrêt du 23 avril 1846,*)

D. — Les barrages et autres contraventions
commises sur les chemins de halage le long des
fleuves et rivières navigables, ou flottables, cons-
tituent-ils des contraventions passibles des conseils
de préfecture ou des contraventions passibles des
tribunaux de simple police ?

R. — La Cour de cassation a décidé que les

Conseils de préfecture seuls peuvent en connaître, (*Arrêt du 31 janvier 1833*).

D. — *Est-ce aux Conseils de préfecture qu'il appartient de connaître exclusivement des contraventions commises dans le domaine de la grande voirie , et spécialement de tout ce qui tient à la libre navigation sur les fleuves et rivières navigables ou flottables?*

R. — Affirmativement (*Arrêt du 8 janvier 1839.*)

Est-ce aux Conseils de préfecture ou aux Tribunaux de police qu'il appartient de faire cesser les anticipations commises sur les chemins vicinaux et de prononcer des amendes contre ceux qui les commettent ?

R. — Une ordonnance du 23 juillet 1838 a décidé que les Tribunaux de police devaient prononcer les amendes et les Conseils de préfecture faire cesser les usurpations.

D. — *Y a-t-il de contravention dans le fait de passer sur un terrain préparé ou ensemencé, lorsque le chemin qui le borde est impraticable ?*

R. — Négativement (*Ar, du 10 janvier 1848.*)

ON TROUVE AUSSI

CHEZ

LE MÊME AUTEUR,

LE

GUIDE

DES TRIBUNAUX

DE

SIMPLE

POLICE.

www.ingramcontent.com/pod-product-compliance
Lightning Source LLC
Chambersburg PA
CBHW060459210326
41520CB00015B/4012